DIALOGUES

ENTRE DEUX VIEUX AMIS,

SUR LES QUESTIONS A L'ORDRE DU JOUR;

PAR

M. le Vte D'ARMAGNAC.

ESPALION,

IMP. DE Mme VEUVE GONINFAURE, NÉE ARTHAUD.

1871

DIALOGUES

ENTRE

DEUX VIEUX AMIS.

DIALOGUES

ENTRE DEUX VIEUX AMIS,

Sur les questions à l'ordre du jour.

La scène se passe dans une petite ville de province.

PERSONNAGES :

M. BONSENS, *agriculteur.*

M. BONARDIN, *petit rentier.*

I

Bonardin. — Voilà bien longtemps, mon cher Bonsens, que je n'avais eu la bonne fortune de te rencontrer. Il est vrai que tu ne viens en ville que lorsque tes affaires t'y appellent. C'est aujourd'hui la Saint-Marc, une de nos grandes foires. Es-tu content de tes marchés ?

Bonsens. — Je n'ai pas trop à me plaindre. Les dernières pluies nous promettent de belles récoltes de fourrages et les prix des bestiaux se sont un peu relevés ; mais les affaires resteront languissantes tant que cette maudite insurrection de Paris ne sera pas entièrement réprimée (1).

Bonardin. — Je déplore avec toi, mon cher Bonsens, que la guerre civile ait succedé à la guerre étrangère ; mais à qui la faute, si ce n'est à cette Assemblée réactionnaire de Versailles qui a follement amené l'insurrection de Paris par ses criminelles et incessantes provocations ?

Bonsens. — Je m'attendais à cette réponse. Ce n'est pas pour rien que tu habites la ville et que tu passes tous les jours de longues heures au *café de l'Union*. Je connais les opinions qui s'y produisent ; je sais que messieurs les habitués regardent la Chambre comme la cause de tous nos malheurs et accablent de leurs injures les *ruraux*, les *paysans* qui la composent. Mais peut-être leurs reproches ne sont-ils pas parfaitement fondés.

Bonardin. — Fondés, mon pauvre Bonsens ! Ils ne le sont que trop. Comment nier, en effet, les torts évidents de cette Assemblée intolérante, torts qui sautent aux yeux et que tout le monde ici s'accorde à reconnaître. Je causais hier soir avec Isidore Chopinot, un de nos vieux camarades de collége, que tu n'a pas oublié, j'en suis bien sûr.

---

(1) Le premier dialogue était écrit avant la prise de Paris par l'armée de Versailles.

Bonsens. — Oh ! je me le rappelle parfaitement. C'était jadis un jeune homme intelligent mais d'une conduite assez débraillée, qui a eu bientôt dévoré son petit patrimoine et qui , trop ami du *far-niente* pour demander au travail une existence honnête, vit aujourd'hui, m'a-t-on assuré, de nombreux emprunts *(ici M. Bonardin fait une légère grimace)* et des modiques économies d'une vieille tante qui l'a recueilli par charité.

Bonardin. — A la vérité, sa vie privée n'est pas l'abri de tout reproche et ses affaires financières ont été assez mal administrées *(avec une expression particulière)* j'en sais assez long là-dessus ; mais on ne peut lui refuser de l'intelligence et de l'esprit et comme il est très-bien informé par suite de ses relations intimes avec plusieurs hommes éminents du parti républicain, nous écoutons tous avec plaisir ses dissertations sociales et politiques et ses appréciations sur les hommes et les événements du jour. Or, il me disait encore hier en prenant un petit verre que je lui avais offert et qu'il avait accepté, comme toujours du reste, de la meilleure grâce du monde, il me disait que l'insurrection de Paris n'aurait jamais éclaté *sans les allures provocatrices*, je cite ses propres expressions , *de cette Assemblee cléricale et royaliste nommée sous l'influence de la peur par les électeurs inintelligents et peu patriotiques des campagnes.*

Bonsens. — Je ne conteste nullement les lumières de M. Chopinot ; mais je voudrais bien, comme on dit au Palais, qu'il établit les faits de provocation qu'il reproche à la Chambre, car enfin il ne saurait avoir la prétention de nou bliger à les admettre sans donner aucune preuve à l'appui.

Bonardin. — Des preuves! il ne serait pas en peine d'en fournir. Ne serait-ce que le refus d'aller siéger au sein de la capitale et la résolution de rester en province, dans un milieu *stupéfiant et abêtissant*, je cite toujours Chopinot. Cette défiance injurieuse pour la population si honnête et si intelligente de Paris n'était-elle pas de nature à surexciter les colères et à allumer l'incendie?

Bonsens. — Tu as raison, mon bon ami. L'Assemblée est vraiment impardonnable de s'être installée à Versailles et de n'avoir pas témoigné plus de confiance à cet excellent peuple de Paris! Le souvenir des malheureuses journées où la représentation nationale a été violée par l'émeute, les menaces proférées par la presse avancée, dès le lendemain des élections, ont effrayé à tort nos députés et ce qui se passe dans le moment actuel ne prouve qu'une chose, c'est que Paris avait tant d'affection pour l'Assemblée nationale qu'il fait des folies pour l'avoir perdue! Plaisanterie à part. Lorsque j'entends les Parisiens reprocher aux *ruraux* de n'être pas allés se jeter dans leurs bras, j'allais dire sous leur patte, il me semble entendre le loup se plaindre de l'éloignement que les moutons lui témoignent et des précautions qu'ils peuvent prendre pour se garer de lui. Voilà donc un grief écarté; Chopinot en a-t-il articulé d'autres?

Bonardin — Oh! la liste n'est pas encore épuisée. Peut-être après tout l'Assemblée avait-elle quelques raisons de se méfier d'une certaine partie de la population parisienne. Aussi, son installation à Versailles est-elle le moindre de ses torts. Mais peut-on ne pas être indigné de la façon outrageante dont elle a traité deux hommes également admirables, bien qu'à des titres divers, Victor Hugo et Garibaldi ?

Bonsens. — Je reconnais qu'elle les a reçus cavalièrement, que ses murmures leur ont fermé la bouche et que peut-être il eût mieux valu prendre son courage à deux mains et les écouter jusqu'au bout. Mais lorsqu'une assemblée est réunie dans de si douloureuses circonstances, qu'elle se trouve aux prises avec d'aussi graves difficultés, on comprend qu'elle éprouve quelque répugnance à subir les déclamations insensées de l'auteur des *Travailleurs de la Mer* et les théories politiques de *l'Ermite de Caprera*. Certes, si jamais une impatience a été excusable, c'est bien celle de la Chambre en présence de ces deux hommes qui d'ailleurs n'ont jamais eux-mêmes donné l'exemple d'une bien grande modération, témoin les vers de l'un sur *l'infâme Mastaï* et la prose de l'autre sur le *chancre de la Papauté*. Si donc ton ami Chopinot n'a pas autre chose à reprocher à l'Assemblée de Versailles.

Bonardin. — Oh ! ne te hâte pas de triompher. Je n'ai pas même abordé la grosse question. Persuadés que les institutions républicaines sont seules compatibles avec les droits du peuple et les principes de liberté et de justice, nous reprochons surtout à la chambre ses tendances royalistes et son obstination à ne pas proclamer immédiatement et sincèrement la République.

Bonsens. — Il me semble t'avoir ouï dire autrefois que tu regardais comme inviolable le principe de la souveraineté populaire.

Bonardin. — Sans doute ; c'est là une des plus belles conquêtes de notre immortelle Révolution !

Bonsens. — Fort bien ; si donc le peuple est souverain, il a le droit de choisir par l'intermédiaire de mandataires choisis la forme de gouvernement qu'il lui plaît de se donner. Il me semble donc que se révolter contre la Chambre, parce qu'on la suppose royaliste, c'est tout bonnement se révolter contre la souveraineté populaire. Prétendre d'ailleurs que la majorité provoque la minorité républicaine en ne se rangeant pas à ses idées, c'est dire naïvement que l'on provoque les gens en n'étant pas de leur avis.

Bonardin. — Vraiment, mon pauvre Bonsens, je ne puis t'en vouloir, car tu es de bonne foi. Je comprends d'ailleurs que ton séjour habituel à la campagne ne soit pas de nature à éclaircir tes idées sur un point assez épineux, je le reconnais, des théories républicaines. Moi-même, te l'avouerai-je, j'ai été assez longtemps embarrassé par cette difficulté apparente. Fort heureusement, j'eus la bonne idée de m'en ouvrir à Chopinot, et comme il est très au courant de la question, il n'eut pas beaucoup de peine à me tirer d'embarras. « Sans doute,
» me dit-il, le peuple est souverain et le suffrage universel
» est la base de tout gouvernement. Mais, comme en France
» les esprits ne sont pas encore suffisamment éclairés pour
» apprécier l'excellence des institutions républicaines et que
» ces idiots de paysans qui constituent la grande majorité pour
» raient fort bien nous ramener la Monarchie, nous avons
» cherché le trait d'union qui relie ces deux grands principes :
» souveraineté populaire et obligation pour le peuple de choi-

» sir la République à l'exclusion de tout autre gouvernement.
» Ce trait d'union, nous avons fini par le trouver. Ce n'est pas
» sans peine, à la vérité, car il ne se présente pas naturelle-
» ment et n'a pu être découvert que par un effort de génie ;
» mais enfin, nous l'avons trouvé et c'est un immense avan-
» tage pour notre cause. Voici comment raisonnent nos phi-
» losophes républicains : Les citoyens d'un Etat ont le droit
» évident de se donner telles lois qu'il leur convient , mais il
» est encore plus évident qu'ils n'ont nullement le droit d'en-
» gager l'avenir et les générations futures, ce qu'ils feraient
» nécessairement en fondant une monarchie héréditaire. De
» là, l'obligation pour eux d'adopter une forme de gouverne-
» ment dont le chef soit fréquemment renouvelé par l'élection
» et par conséquent de se constituer en République avec un
» Président, des Consuls ou des Directeurs, comme bon leur
» semblera. Tu vois que c'est bien simple , ajouta Chopinot.
» Grâce à cette ingénieuse théorie nous contenons le suffrage
» universel qui, par une ingratitude inconcevable , menaçait
» de se tourner contre nous et nous obligeons le peuple à su-
» bir la République au nom même de sa souveraineté. »

J'avoue , mon cher Bonsens, que je fus on ne peut plus sa-
tisfait des explications de Chopinot : elles me soulagèrent d'un
grands poids et je suis persuadé qu'elles dissiperont tous les
nuages qui pourraient encore rester dans ton esprit.

Bonsens. — Chopinot a l'esprit ingénieux ; je t'estime fort
heureux de pouvoir recourir à lui dans toutes les difficultés, et
d'avoir sous la main un aussi habile casuiste ; mais je crains
bien qu'il ne s'avance un peut trop en soutenant que le peuple

n'a aucun droit d'engager son avenir. Jusqu'ici, en effet, on avait considéré les nations comme des personnes morales, ayant une existence indépendante des individus qui la composent, conservant leur identité pendant tout le cours de cette existence et pouvant par conséquent contracter des engagements sans se préoccuper de l'avènement ou de la disparition des générations qui se succèdent sans relâche dans leur sein. Et cette opinion sur la nature des sociétés est bien loin d'être nouvelle et d'avoir été inventé par les philosophes modernes. Nous lisons en effet dans le beau traité de Plutarque sur les délais de la justice divine, traduit par M. de Maistre : « *Un* » *État est une même chose continuée, un tout semblable à* » *un animal qui est toujours le même et dont l'âge ne sau-* » *rait altérer l'identité.* »

Et d'ailleurs, comment une société pourrait-elle signer un seul contrat sans engager plus ou moins les générations futures ? Les États de Bretagne consentirent leur annexion à la France, lors du mariage de Louis XII avec l'héritière de leur duché. Autoriscrions-nous les Bretons modernes à reprendre une existence indépendante sous prétexte qu'ils ne sont pas obligés par le fait de leurs prédécesseurs ? La Convention nationale le leur a-t-elle permis alors qu'ils avaient ce semble, quelque raison de regretter leur ancienne autonomie ? La presse républicaine n'a-t-elle pas soutenu le gouvernement de Washington dans sa terrible guerre contre les États du Sud engagés uniquement, eux aussi, par le fait de leurs ancêtres ? Enfin, l'État pourrait-il contracter un emprunt, abandonner ou acquérir une province, en un mot, accomplir un seul des actes nécessaires à son existence si la théorie de Chopinot

etait admise dans le droit des nations? Nous devons donc la
rejeter, en raison de la fausseté de son principe et de l'ab-
surdité de ses conséquences et, la souveraineté populaire une
fois admise, je ne discute pas aujourd'hui cette question,
permettre au peuple de choisir par ses mandataires telle
forme du gouvernement qu'il lui plaira et de se donner même
un monarque, si tel est son bon plaisir.

Bonardin. — Je ne me rends pas encore ; mais en suppo-
sant l'excellence de ta doctrine, nos reproches contre la Chambre subsisteraient en entier, puisque son désir de restaurer
la monarchie ressort de tous ses actes, bien qu'il soit évident
pour tout le monde qu'elle a été nommée uniquement pour
traiter de la paix ou de la guerre et nullement pour donner à
la France un gouvernement définitif.

Bonsens. — C'est une question ; mais je serais presque
en droit de te dire que toi et les tiens l'avez résolue dans le
sens du pouvoir constituant. En effet, vous avez tous applaudi
à la déchéance de l'Empire et je crois même me rappeler que
dans certain projet de conciliation, on faisait figurer comme
première condition, la proclamation immédiate de la République par l'Assemblée. C'est du reste ce que demandent tous
les jours les journaux Républicains, sans exception. C'est ce
que tu demandais toi-même au commencement de cet entretien. L'Assemblée aurait bien le droit de vous prendre au mot,
de se déclarer constituante et de proclamer..... la Monarchie.
Mais quoique vous en disiez elle est plus sage et plus pru-
dente. Elle s'occupe activement de pacifier et réorganiser le
pays, la question de Constitution réservée. Dans ce long et

difficile travail elle se montre libérale et conciliante , témoin la loi municipale qu'elle vient de voter et les reproches qu'on lui adresse sans cesse sont inspirés par l'esprit de parti à quelques ambitieux désespérés de ne pouvoir imposer leur volonté à l'immense majorité de la nation.

Bonardin. — Tu es entêté comme un campagnard , mon pauvre Bonsens. Toutefois , je ne désespère pas de te convertir. Viens déjeuner chez moi, le prochain jour du marché.

(*A part*). D'ici là , j'aurai le temps de causer avec mon ami Chopinot.

II

(La scène se passe dans la salle à manger de M. Bonardin).

Bonardin d'abord seul. — Mon vieil ami Bonsens est un excellent homme, mais d'une obstination inconcevable et, comme il ne manque ni d'intelligence ni d'une certaine logique, on a bien de la peine à le battre dans une discussion, même en défendant la meilleure cause dumonde. Heureusement, je suis aujourd'hui préparé au combat et j'espère que sur le chapitre des élections municipales et do l'influence légitime des grandes villes sur les destinées du pays, j'aurai facilement raison de mon campagnard. Mais il se fait bien attendre ! L'heure du déjeuner a sonné depuis longtemps. Il me tarde d'entrer en lice. Je suis pris depuis quelque mois d'une fièvre de propagande, d'un accès de zèle républicain. C'est singulier, Chopinot a déteint sur moi ; car, enfin, entre nous soit dit, je n'ai pas toujours été aussi chaud partisan de la République et je me rappelle fort bien qu'à l'époque du plébiscite.....

... *(Entre Bonsens.)*

Ah ? te voilà enfin ; je commençais à m'impatienter de ton retard ; je craignais que tu n'eusses oublié ta promesse. Sois le bienvenu, mon cher ami, et comme la matinée est déjà bien avancée, pas de cérémonies et mettons-nous à table.

Bonsens. — Je ne demande pas mieux car je meurs de faim. Une course à cheval de 15 kilomètres donne toujours de l'appétit et c'est encore un revenant-bon de notre profession d'agriculteurs.

(*Ils s'asseyent et attaquent vigoureusement le déjeuner.*)

Bonardin. — Je ne te demande pas, mon cher Bonsens, comment est composé le nouveau conseil municipal de la commune que tu habites. Il va sans dire que les conservateurs et même les monarchistes ont eu la majorité, la presque totalité des suffrages, mais que dis-tu du résultat des élections dans presque toutes les grandes villes de France ?

Bonsens. — Oh ! j'aurais beaucoup de choses à en dire, et d'abord, que les républicains se sont un peu trop empressés de chanter victoire et que le verdict rendu par la France, il y a bientôt trois mois, n'a été nullement infirmé par les dernières élections. Il est vrai que dans la plupart des grandes villes, elles ont été faites comme au 8 février, dans le sens du parti avancé : mais je te ferai remarquer en premier lieu, qu'un nombre très-considérable d'électeurs s'est abstenu de prendre part au vote. Or, ces citoyens indifférents et coupables crois-tu pouvoir les compter au nombre des adhérents à l'opinion républicaine ? Non, sans doute. Tu sais trop bien, à n'en juger que par toi même, que tes coréligionnaires politiques se gardent bien de rester chez eux un jour d'élection. Outre le plaisir bien vif de s'agiter et de pérorer sur les places publiques, ils sont trop dévoués à leur cause pour lui refuser leur concours dans un moment aussi solennel. Les abstentionnistes sont donc en très-grande majorité, excepté dans certain cas où l'abstention est le résultat d'un mot d'ordre donné par les chefs du parti républicain assurés d'avance de leur défaite, les abstentionnistes sont des conservateurs à outrance, ennemis de la discussion et du bruit, des gens timides, peut-être des lâches, à coup sûr des égoïstes, qui font les vœux les plus ardents pour le triomphe des listes conservatrices, mais qui, comptant sur leurs voisins et espérant bien que leur exemple ne sera pas suivi, vont à leurs plaisirs ou à leurs affaires privées, pendant que les affaires publiques sont en jeu. Tu sais d'ailleurs que malgré le nombre des abstentions, bien des villes ont réélu leurs anciens conseils municipaux, composés en grande partie d'hommes dévoués aux principes monarchiques. Je pourrais te citer entr'autres, Versailles, Orléans, Nîmes, Digne, Cahors, Poitiers, Mende, Aurillac, Rodez, etc., etc. Tu comprends d'un autre côté, que, sans parler de l'appoint des fonctionnaires, il faut bien tenir compte de l'influence morale exercée sur certains esprits par le nom et la forme du Gouvernement provisoire sous lequel nous nous trouvons et que bien des gens qui ont voté de bonne foi en faveur de l'Empire à l'époque du plébiscite, sont devenus avec la même bonne foi républicains convaincus, depuis le 4 septembre. Enfin tu as trop de perspicacité dans l'esprit pour n'avoir pas remarqué que la majorité donnée aux républicains dans les grandes villes est toujours assez faible, tandis que la majorité monarchique est écrasante dans les petites villes, les bourgs et les communes rurales.

Bonardin. — Ah! nous y voici! Vous avez toujours le même mot à la bouche! les communes rurales! Voilà votre grand argument. Vous nous opposez toujours le vote de vos paysans. Eh! croyez-vous donc que nous en fassions grand cas du vote de vos paysans! Un tas d'idiots, remplis de stupides préjugés . . . .

Bonsens. — Calme-toi Bonardin. Je ne ne t'ai jamais vu aussi échauffé! Calme-toi et tâche de me faire comprendre en quoi consiste la supériorité du citadin sur le campagnard et quelle est la différence qui existe, au point de vue du vote, entre un laboureur et un peintre en bâtiment, entre un vigneron et un ferblantier.

Bonardin. — Oses-tu le demander? Il y a entre eux toute la distance qui sépare la sottise de l'intelligence, l'ignorance de l'instruction, l'esclavage de la liberté.

Bonsens. — Cette phrase est à coup sûr de Chopinot. Je vais tâcher de lui répondre. Et d'abord, pour ce qui est de l'intelligence, il ne la refuse aux ruraux que pour les besoins de la cause. Comment, en effet, fermer les yeux à l'évidence et accuser de crétinisme les 20,000,000 de paysans qui fournissent tant d'habiles ouvriers aux cultures si variées de notre sol et parmi lesquels se recrute sans cesse cette population si intelligente des grandes villes? Quant à l'instruction, on trouve aujourd'hui, quoiqu'on en dise, bien peu de paysans qui ne sachent lire, écrire et quelque peu compter, et c'est à cela que se borne, à peu de chose près, l'instruction de la très grande majorité des ouvriers citadins.

Bonardin. — Peut-être ; mais ces premiers éléments des connaissances humaines, nos ouvriers les mettent à profit.

Ils ne restent pas étrangers au mouvement des idées. Ils sont abonnés aux cabinets de lecture et trouvent des journaux jusques sur la table de l'estaminet et le comptoir du marchand de vin.

Bonsens. — Tu as raison ; ils lisent les journaux, et quels journaux ! Ils y savourent quelques anecdotes scandaleuses, quelques feuilletons malsains, de longues dissertations sur l'oppression du travail par le capital et de violentes diatribes contre les cléricaux et les Frères Ignorantins ; mais je doute que ce genre de littérature puisse former leurs cœurs et leurs esprits et augmenter de beaucoup la somme de leurs connaissances sérieuses et utiles.

Bonardin. — Il y a du vrai dans ce que tu dis ; mais au moins seras-tu obligé de convenir que nos ouvriers sont autrement indépendants que vos campagnards, qui n'osent lever le doigt sans la permission de leur curé et du grand propriétaire du pays.

Bonsens. — Je reconnais avec toi que les patrons ont moins d'autorité morale sur les hommes qu'ils emploient que les propriétaires grands ou petits sur les fermiers et les colons qui cultivent leurs domaines ; mais si les ouvriers échappent à ce genre d'influence, ils en subissent d'autres cent fois plus oppressifs et plus tyranniques. Que diras-tu, par exemple, de cette Société Internationale qui oblige ses adeptes, sous les menaces les plus sévères, à obéir à ses ordres et dont la puissance s'est révélée depuis quelque temps par les nombreuses grèves qu'elle a organisées et dans le moment actuel par les élections des grandes villes et la formidable insurrection de Paris? As-tu jamais entendu reprocher aux conservateurs une conduite semblable à celle des ouvriers de Tarare qui, se portant en foule compacte devant la porte de l'hôtel-de-ville, ont matériellement empêché les électeurs d'user de leurs droits électoraux? Et les orateurs de club et d'estaminets penses-tu qu'ils n'aient aucune action sur les hommes ignorants et grossiers qui composent leur auditoire? Je crois donc que l'indépendance du vote existe encore bien moins dans les grandes villes, où les électeurs enrégimentés vont déposer dans l'urne le bulletin imposé par les délégués des sociétés secrètes, que dans les communes rurales où le défaut d'organisation empêcherait, à lui seul, les conservateurs d'exercer une influence aussi décisive et aussi absolue.

Mais les élections doivent encore être examinées à un autre point de vue. En effet, si le mérite d'un vote dépend de l'instruction, de l'intelligence et de la liberté de celui qui l'émet, il dépend surtout de sa valeur morale. Or, sous ce dernier rapport, l'avantage est bien certainement du côté des populations agricoles.

Bonardin. — Tu viens de dire là, mon pauvre Bonsens, une grosse naïveté qui sent son campagnard d'une lieue et qui me prouve à quel point tu es en retard sur les idées de notre temps. Apprends donc, mon cher ami, que les philosophes modernes ont arraché l'humanité au joug de cette prétendue morale qui a pesé sur elle pendant tant de siècles et que, reprocher aux ouvriers des villes de les avoir suivis dans cette voie, c'est constater leur supériorité sur les ruraux qui sont restés fidèles à leurs anciens errements. Du reste, pour te mettre au courant de la question, je ne saurais mieux faire que de te citer quelques lignes d'un article de Chopinot qui fut très-remarqué, il y a deux ou trois ans, dans l'*Émancipation* de...... :

« A un monde nouveau, nous devons donner une morale
« nouvelle. Arrière les vertus chrétiennes qui ont tyrannisé
« nos Pères ! Que l'homme ne s'incline plus en tremblant
« devant cet être hypothétique que l'on appelle Dieu ! Que la
« chair ne soit plus immolée à ce je ne sais quoi qu'on
« appelle l'âme ou l'esprit ! Le temps est venu de réhabiliter
« les sens, de relever la chair de son long abaissement, de
« rejeter cette morale féroce qui a sacrifié tant de générations
« sur les autels d'un nouveau Moloch. Nous voulons remettre
« l'homme en possession de ses droits, le faire asseoir au
« banquet de la vie et remplacer les cilices par des couronnes
« de fleurs. »

Tu peux juger par ce beau morceau de la transformation sociale qui est en train de s'accomplir. Au lieu de prêcher l'abaissement et l'humiliation, nous voulons que l'homme conserve le sentiment de sa noblesse et de sa dignité et porte sur son front l'empreinte d'un légitime orgueil ; au lieu de l'engager à dompter son corps et mortifier sa chair, nous voulons qu'il puisse donner pleine satisfaction à tous ses besoins, à tous ses appétits.

Bonsens. — Je comprends. Vos nouvelles vertus ne sont autre chose que nos anciens péchés capitaux.

Bonardin. — Ma foi, à peu de chose près, tant il est vrai

que le christianisme avait imposé à l'humanité des lois entièrement contraires à sa nature. Heureusement, nous nous en sommes définitivement affranchis; nous marchons aujourd'hui dans une voie diamétralement opposée; nous avons conscience, je le répète, de la dignité de l'homme et de ses droits, et c'est ce qui explique la noble fierté de nos jeunes républicains, leur goût pour le luxe et tous les plaisirs de la vie et la persistance avec laquelle ils recherchent les fonctions publiques les plus grassement rétribuées.

Bonsens. — Il reste encore un peu de louche dans mon esprit. Ces honneurs et ces plaisirs accordés à quelques privilégiés blessent, ce me semble, le principe d'égalité ; car tous les hommes étant égaux doivent avoir les mêmes droits.....

Bonardin. — Sans doute. Aussi les républicains désirent-ils de tout leur cœur voir arriver le moment où les progrès de la civilisation et l'application de leurs théories permettront à tous les hommes de prendre part au gâteau; mais, en attendant cet heureux jour, qu'ils appellent de tous leurs vœux, ne pouvant donner à l'humanité tout entière les jouissances auxquelles elle a droit de prétendre, ils commencent par se les procurer à eux-mêmes, en leur qualité d'initiateurs. C'est toujours un pas de fait vers le but qu'ils poursuivent et.....

Bonsens. — Tu as réponse à tout, mon ami Bonardin. Mais penses-tu que la foule, satisfaite de ce premier résultat, soit disposée à attendre patiemment son admission indéfiniment ajournée dans ce paradis terrrestre dont la porte ouverte pour un très-petit nombre d'élus, doit rester (peut être bien longtemps encore) impitoyablement fermée pour elle ? N'est-il pas à craindre qu'elle n'ait recours à la violence pour entrer immédiatement en possession de ses droits ? Réfléchis un peu et tu t'apercevras aisément que les systèmes philosophiques d'estaminet ne tendent à rien moins qu'à la destruction de toute société, que ce sont des leurres dont se servent les fripons pour tromper un nombre trop considérable de dupes, qu'en fait de morale, il faut s'en tenir à la morale chrétienne, que les campagnes ont sur les villes l'immense avantage de lui être restées fidèles et que, par conséquent, le laboureur, le rural, le paysan a le droit d'exercer une influence au moins égale à celle du citadin sur les destinées de la nation.

Là dessus, je te quitte, mon cher Bonardin. Je me hâte d'aller terminer mes petites affaires, car les chemins ne sont pas sûrs par les communeux qui courent et je veux être rentré chez moi avant la tombée de la nuit.

III

(La scène se passe sur une place publique.)

Bonardin, appelant. — Bonsens! Bonsens! Voilà bien longtemps que je cours après toi. Je me suis souvenu ce matin que c'était aujourd'hui jour de marché et je t'ai cherché comme une épingle, à la halle au blé et sur le champ de foire. Je te rencontre enfin et j'en suis bien heureux car j'avais hâte de reprendre la discussion brusquement interrompue l'autre jour. Vois tu, mon bon ami, je ne désespère pas de te convertir. Tu as le sens trop droit et l'âme trop honnête pour ne pas finir par te rallier franchement à la République, la plus naturelle, la meilleure de toutes les formes de gouvernement.

Bonsens. — Je n'ai aucun parti pris et je suis tout disposé à me rendre à une preuve convaincante, à un argument décisif. Mais jusqu'ici, ton ami Chopinot ne t'en a fourni aucun de bien sérieux. Et tout d'abord, je ne puis te laisser dire sans protester, que la République soit de tous les gouvernements le plus conforme aux lois de la nature. La famille, en effet, ce premier noyau de la nation, a toujours été gouvernée monarchiquement, et l'histoire nous apprend que, dans toutes les sociétés naissantes, la puissance publique n'a été autre chose à ses débuts, que l'extension du pouvoir paternel. Nous savons enfin par les récits des voyageurs que les hommes à l'état de nature, pour parler le langage de tes corréligionnaires politiques, les hommes à l'état de nature, c'est-à-dire les sauvages, bien loin d'avoir adopté le régime républicain, n'en sont pas même encore à la monarchie constitutionnelle.

Du reste, mon cher Bonardin, les gouvernements ont pour unique objet le bonheur moral et matériel des nations qu'ils régissent. Or, ce noble but ne saurait être atteint par des institutions identiques chez tous les peuples si différents entr'eux de traditions, de caractère, d'origine et de mœurs. Je crois donc que l'on ne peut d'une manière absolue donner la préférence à telle ou telle forme de gouvernement, et M. de Maistre a eu raison de dire *qu'une constitution faite pour toutes les nations n'est faite pour aucune*, et que l'organisation politique d'un peuple sera d'autant meilleure qu'elle sera mieux appropriée *aux mœurs, à la situation géographique, aux relations politiques, aux bonnes et aux mauvaises qualités de ce peuple*. Si donc, il m'était démontré que la République n'est pas la forme de gouvernement qui répond le mieux aux besoins de notre société française, je t'avoue franchement que je n'hésiterais pas à en faire le sacrifice sur l'autel de la patrie.

Bonardin. — Fort bien ; mais c'est ce qu'il faudrait démontrer et je doute que tu en viennes facilement à bout.

Bonsens. — Tu avouèras du moins que la France n'a pas

de traditions républicaines et qu'elle a toujours été gouvernée monarchiquement. Or, penses-tu qu'une nation puisse se dégager entièrement de son passé et renier toute son histoire ? La constitution d'un peuple ne s'improvise pas ; elle s'élabore lentement sous l'influence des circonstances et des milieux, et vouloir la transformer radicalement à jour fixe et à heure convenue, c'est commettre un acte de folie tout aussi grand que de vouloir changer le tempérament et le régime d'un homme parvenu à l'âge mûr et obliger un Lapon ou un Esquimau à renoncer à sa chair de renne et à son huile de phoque pour se contenter du riz et de l'eau claire d'un Arabe ou d'un Indou. Une des meilleures preuves de ce que j'avance, c'est la durée éphémère des innombrables constitutions que nous avons successivement adoptées pour remplacer l'ancienne monarchie.

Bonardin. — Tu veux donc condamner l'humanité à une immobilité absolue et lui interdire tout pas en avant dans le sens de la civilisation et du progrès.

Bonsens. — Loin de là. Je crois au contraire que chaque génération doit apporter son contingent de sages et utiles réformes ; mais ce que je combattrai de toutes mes forces, c'est la sotte présomption de ces rêveurs ambitieux qui s'imaginent pouvoir remplacer l'œuvre des siècles par les vagues conceptions de leurs cerveaux fêlés, et qui veulent renverser tout ce qui existe, sans distinguer entre le bon et le mauvais, pour se faire une plus large place dans le nouvel état social. Ce qui m'afflige le plus, c'est de voir une foule d'hommes honnêtes mordre à leur grossier hameçon et ne pas comprendre les immenses dangers de ces changements brusques et radicaux. Les révolutions, en effet, ne peuvent enfanter qu'un pouvoir précaire et toujours contesté. *L'homme*, a dit M. de Maistre, *ne respecte jamais ce qu'il a fait lui-même.* Plus lointaine sera l'origine d'une forme de gouvernement et plus le peuple aura foi dans son avenir. Or, *on n'aime et on ne craint que ce qui doit durer longtemps* (1).

Donc, une des meilleures raisons pour la France de retourner à la monarchie, c'est qu'elle a été fondée par la monarchie, qu'elle a vécu, qu'elle a grandi sous la monarchie.

Mais d'ailleurs, est-il bien difficile de comprendre à quel point notre caractère est incompatible avec les institutions républicaines? La mobilité de notre esprit, la promptitude avec laquelle nous nous engouons et nous nous dégoutons des hommes et des choses et la facilité que trouvent les idéologues et les songe-creux à nous passionner pour des chimères et des utopies rendraient l'élection périodique du Président de la République éminemment dangereuse pour le salut de l'Etat. Les partis redoubleraient de violence à chaque transmission de pouvoir et ces crises fréquemment renouvelées amèneraient nécessairement la décadence et la ruine de notre malheureux pays.

Enfin, je trouverai de nouveaux et très-sérieux arguments en faveur de ma thèse dans le beau livre de M. de Tocqueville sur la démocratie américaine. Tu connais sans doute cet ouvrage, qu'en ta qualité de républicain convaincu tu dois avoir plusieurs fois et profondément médité.

(1) Tocqueville. De la démocratie en Amérique. T. 2. page 207.

Bonardin. — Sans doute, sans doute ; mais il y a long-temps qu'il ne m'est tombé sous la main et les souvenirs que j'en ai conservés sont un peu vagues dans mon esprit.

Bonsens. — Eh ! bien, permets-moi de t'en citer quelques passages que j'ai notés au crayon, prévoyant qu'ils pourraient me servir. On lit dans le premier volume, page 214 : « Avant
» de discuter la bonté absolue du système électif, il y a donc
» toujours une question préjudicielle à décider, celle de
» savoir si la position géographique..... du peuple chez lequel
» on veut l'introduire, permet d'y établir un pouvoir exécutif
» faible et dépendant. »

P. 215. — « Les monarchies héréditaires ont un grand
» avantage ; l'intérêt particulier d'une famille y étant conti-
» nuellement lié à l'intérêt de l'Etat, il ne se passe jamais un
» seul moment où celui-ci reste abandonné à lui-même.....
» Dans les états électifs, au contraire, à l'approche de l'élec-
» tion et longtemps avant qu'elle n'arrive, les rouages du
» gouvernement ne fonctionnent plus en quelque sorte que
» d'eux-mêmes... A l'approche de l'élection, le Chef du pou-
» voir exécutif ne songe qu'à la lutte qui se prépare, il n'a plus
» d'avenir, il ne peut rien entreprendre et ne poursuit qu'avec
» mollesse ce qu'un autre peut-être va achever. »

P. 210. — « Si le pouvoir exécutif est moins fort en Amé-
» rique qu'en France, il faut l'attribuer aux circonstances plus
» encore peut-être qu'aux lois.....
» Si la vie de l'Union était sans cesse menacée , si ses
» grands intérêts se trouvaient tous les jours mêlés à ceux
» d'autres peuples puissants, on verrait le pouvoir exécutif

» grandir dans l'opinion par ce qu'on attendrait de lui et
» parce qu'il exécuterait.

» ..... Les États-Unis n'ont pas de voisins. Séparés du
» reste du monde par l'Océan, ils n'ont point d'ennemis.

P. 220 — « Plus la situation intérieure d'un pays est embar-
» rassée, plus ses périls extérieurs sont grands, et plus ce
» moment de crise (l'élection du Président) est dangereuse
» pour lui. *Parmi les peuples de l'Europe, il en est bien peu*
» *qui n'eussent à craindre la conquête ou l'anarchie toutes*
» *les fois qu'ils se donneraient un nouveau chef.* »

Voilà donc la France condamnée à la monarchie de par
M. de Tocqueville , partisan déclaré de la démocratie
américaine, en raison de sa situation géographique et des
dangers qui résultent pour elle du voisinage de nations puis-
santes et fortement organisées. Poursuivant la lecture du
même ouvrage, nous trouvons, page 270 : « L'histoire du
» monde ne fournit pas d'exemple d'une grande nation qui
» soit restée longtemps en République (je ne parle point ici
» d'une confédération de petites Républiques , mais d'une
» grande République consolidée), ce qui a fait dire que la
» chose était impraticable.

» Ce qu'on peut dire avec certitude, c'est que l'existence
» d'une grande République sera toujours infiniment plus
» exposée que celle d'une petite... Toutes les passions fatales
» aux Républiques grandissent avec l'étendue du territoire.

» L'ambition des particuliers augmente avec la puissance
» de l'Etat, etc., etc.....

Bonardin. — Il est inutile d'accumuler les citations. Du reste, tous ces raisonnements *à priori* ne prouvent rien. Vous êtes fort habiles, vous autres monarchistes. Vous niez la vitalité de la République et vous vous empressez de vous donner raison en l'étouffant dans son berceau. Eh ! de grâce, accordez-lui le temps de faire ses preuves. Les républicains ne demandent qu'une chose, c'est que vous leur confiez pendant quelques années la France et sa Fortune. Permettez leur donc de faire l'application de leurs théories et ne condamnez leur système politique qu'après une sérieuse et décisive expérience.

Bonsens. — Te figures-tu , mon ami Bonardin , que nous considérions la société française comme une *anima vilis*, pour me servir d'une vieille expression médicale, sur laquelle on puisse essayer l'effet des remèdes les plus hasardeux, des opérations chirurgicales les plus risquées ? Peut-être ces expériences seraient-elles extrêmement utiles aux générations futures et aux peuples voisins, peut-être les expérimentateurs eux-mêmes en tireraient-ils quelque profit, mais nous ne nous soucions nullement que notre fortune publique et privée , que notre vie et celle de nos enfants en fassent les frais et nous ne poussons pas la complaisance jusqu'à nous constituer les sujets d'étude de vos *carabins* politiques.

Mais d'ailleurs, cette expérience que vous réclamez, n'a-t-elle pas été faite à plusieurs reprises ? N'êtes vous pas devenus les maîtres en 1792 ? Vous aviez alors le pouvoir absolu fortifié par le prestige que donne la victoire sur les ennemis du dehors. Comment en avez-vous usé ? Qu'avez-vous fait de la France? Par quels épouvantables forfaits avez-vous inauguré votre nouveau régime !

Bonardin. — Je ne connais rien de plus injuste que de reprocher aux hommes vertueux, aux citoyens intègres qui qui ont affranchi nos pères du despotisme et du privilége, les mesures énergiques qu'ils furent obligés de prendre à cette grande époque si calomniée. Il fallait bien écraser la réaction encore très-puissante et affermir les grandes conquêtes de la Révolution.

Bonsens. — Bien loin de les affermir, vous les avez compromises. La nuit du 4 août avait donné satisfaction à toutes les aspirations légitimes. Nous avions obtenu l'égalité devant la loi et les ordres privilégiés avaient fait l'abandon gratuit de droits parfaitement justifiés à l'origine, mais devenus incompatibles avec l'état social de la France transformée, sous l'influence du christianisme, par l'action persévérante de nos Rois. Malheureusement, les utopistes et les ambitieux ne se contentèrent pas de ces généreuses réformes. Impatients de toute autorité, désirant s'élever sur les ruines de nos plus vieilles et plus respectables institutions, assez fous pour vouloir faire revivre, au XVIIIe siècle, les constitutions des anciennes Républiques et jusqu'aux noms de ces vieux Romains dont ils avaient les vices sans en avoir les vertus, ils osèrent renverser notre antique Monarchie sans trop savoir par quel régime ils pourraient la remplacer, et cette première expérience nous a valu les massacres de 93, les proscriptions, la guerre civile, la guerre étrangère, le despotisme impérial et deux invasions. Voilà pour le premier essai.

En 1848, une seconde expérience a produit une partie de ces mêmes résultats.

Enfin, avons-nous à nous louer davantage de nos républicains d'aujourd'hui? Après avoir fondé l'unité Italienne en haine de la Papauté, ils ont puissamment contribué à fonder l'unité Allemande en haine de l'Autriche catholique. Je n'ai pas besoin, je suppose, de te rappeler la ligne de conduite du *Siècle* et de l'*Opinion nationale* pendant la campagne de 1866. Les rêves de pangermanisme si favorablement accueillis par ces journaux ont fatalement amené la guerre avec la Prusse qui vient d'avoir pour la France un si malheureux dénouement, dénouement auquel n'a pas peu contribué la révolution du 4 septembre par le complément de désarroi qu'elle a jeté dans nos affaires. Elle a mis, en effet, la direction de nos armées entre les mains d'un jeune avocat de courage et de talent, je le veux bien, mais sans aucune expérience des choses de la guerre et qui nous a conduits de défaite en défaite à la paix honteuse que tu connais. Enfin, en discutant les préliminaires du traité de paix, M. Jules Favre, poussé par cette soif de popularité qui distingue les hommes de son parti, a stipulé pour les gardes nationaux de Paris le droit de conserver leurs armes! et le monde entier est terrifié par les épouvantables malheurs qui ont été la conséquence de cette clause funeste.

Bonardin. — Il y a du vrai dans les reproches que tu adresses au gouvernement de la *Défense nationale*, mais tu serasbien obligé de convenir que cette terrible insurrection de Paris, à laquelle M. Jules Favre a fourni bien involontairement des armes, ce dont il a eu le noble courage de demander pardon à Dieu et aux hommes, l'insurrection de Paris, dis-je, si elle a entraîné d'irréparables malheurs, a du moins eu cela de bon qu'elle a donné un démenti formel à ces théories réactionnaires d'après lesquelles les gouvernement, républicains sont impuissants en France à maintenir l'ordre, à réprimer la révolte, à assurer le respect de la loi.

Bonsens. — Vraiment, il serait plaisant de voir les républicains s'attribuer le mérite d'avoir vaincu l'insurrection, eux qui n'ont cessé de lui donner des forces, soit en approuvant une partie des réclamations de la Commune, soit en discutant l'origine et en contestant les pouvoirs de l'Assemblée ! Ils auront beau faire ; ils ne se disculperont pas aux yeux du pays et supporteront la part qui leur revient dans la responsabilité des crimes affreux commis par les insurgés de Paris au nom de la Commune et de la République.

Bonardin — Bonsens ! Bonsens ! Tu sors de ta modération et de ta bonne foi ordinaires. Aucune forme de gouvernement n'est responsable des excès que l'on commet en son nom, pas plus la République que la Monarchie, et je suis attristé, je l'avoue. ...

Bonsens. — Eh ! mon Dieu, mon pauvre Bonardin, je sais bien qu'en théorie, l'assassinat, le vol et l'incendie ne sont la conséquence nécessaire d'aucune forme de gouvernement et je connais plusieurs républicains de bonne foi dont j'honore le caractère et qui sont loin de pactiser avec les énergumènes qui composent la queue de leur parti. Mais il faut bien reconnaître cependant que les méchants ont l'instinct du mal et le flair très-délicat pour découvrir tout ce qui, de près ou de loin, peut leur aider à le commettre. Or, d'où vient l'affection, la tendresse si vive qu'ils ont de tout temps témoignée à la République ? Cette secrète affinité entre les hommes de désordre et les principes républicains m'a toujours défavorablement impressionné et suffirait, à défaut d'autres raisons, pour m'affermir dans la foi monarchique que j'ai reçue de mon père et que j'espère bien transmettre à mes enfants.

J'aurais encore bien des choses à te dire sur le même sujet. Mais en voilà assez pour aujourd'hui. Tu sais que si je viens en ville, ce n'est pas uniquement pour m'occuper de politique. Nous nous reverrons dans quelques jours. Adieu, Bonardin, à bientôt.

IV

Les deux interlocuteurs se promènent côte à côte dans un jardin public peu fréquenté.

Bouardin..... — Oui, mon cher Bonsens, je persiste à croire que la République est désormais le seul gouvernement qui puisse assurer le bonheur et l'avenir de la France. Aussi, n'est-ce pas sans un profond chagrin que je vois les divers partis monarchiques persister dans leurs manœuvres et leurs coupables intrigues. Les journaux bien informés annoncent aujourd'hui, comme une chose faite, la fusion des deux branches de la maison de Bourbon. Je ne sais si ce rapprochement est bien sincère et si les princes entraîneront avec eux un grand nombre de leur adhérents, mais du moins je suis bien sûr que tu ne souscriras jamais, pour ta part, à un pareil accord et que tu ne pourras consentir à devenir le partisan de la royauté d'Henri V.

Bonsens. — Et sur quelles raisons te fondes-tu pour me regarder comme l'ennemi irréconciliable de la monarchie légitime ? N'est-ce pas elle qui, par sa politique habile et persévérante, a cimenté l'union de nos diverses provinces, a constitué notre beau royaume de France et l'a maintenu si longtemps à la tête des nations de l'Europe ? N'est-ce pas elle qui a pansé nos plaies après nos désastres et la Restauration n'a-t-elle pas trouvé le moyen d'équilibrer notre budget et d'amortir notre dette, malgré les charges excessives qu'elle fût obligée de supporter pour liquider la situation faite à la France par les folles entreprises de l'Empereur ? L'attitude de Louis XVIII ne fut-elle pas ferme et digne devant les alliés victorieux ? Et Charles X n'envoya-t-il pas ses flottes battre les Turcs à Navarin et ne nous a-t-il pas laissé en partant cette magnifique conquête d'Alger comme pour prouver que chaque règne de la maison de Bourbon devait être marqué par un accroissement de la gloire nationale et par l'acquisition d'une nouvelle province ?

Bonardin. — Tu as beau dire ; je ne comprendrai jamais que tu puisses faire des vœux pour l'avènement de la monarchie de *droit divin,* toi, le fils du peuple, toi, l'homme du tiers-état, délivré des priviléges et de la tyrannie par notre grande et immortelle Révolution.

Bonsens. — Et c'est justement en ma qualité d'homme du peuple, mon pauvre ami, que je dois rester fidèle à cette race royale qui a toujours vigoureusement réprimé les abus de pouvoir commis par les Seigneurs au préjudice de leurs vassaux, qui, la première en Europe, a favorisé l'affranchissement des communes et dont les efforts incessants ont amené la fusion des classes et constitué la société moderne. Il est vraiment étrange que ceux-là même pour qui les Bourbons ont si longtemps combattu, leur reprochent un esprit de retour vers un régime dont la disparition est en grande partie leur œuvre et les rendent responsables de souffrances qu'ils ont adoucies de tout leur pouvoir !

Il faut que la calomnie ait été bien habile et bien opiniâtre pour avoir réussi à fausser à ce point l'esprit public et arraché du cœur des Français cette affection si vive qu'ils portaient à leurs Rois, alors qu'ils les connaissaient mieux et qu'ils n'avaient pas eu le temps d'oublier leurs immenses services.

Encore pardonnerais-je cette ingratitude et ces absurdes préventions aux ouvriers ignorants qui vont puiser leurs notions d'histoire au cabaret voisin, mais que des hommes intelligents et instruits en soient encore à redouter le rétablissement des anciens priviléges...

Bonardin. — Eh ! te figures-tu qu'aucun de nous ait jamais cru à la réalité de cet épouvantail ? Ne te fais pas , je t'en supplie, une aussi triste idée de notre intelligence. Nous savons fort bien à quoi nous en tenir sur le compte de la *dîme* et des *droits féodaux.* Mais nous savons aussi que nous ne pourrons jamais atteindre notre but, c'est-à-dire fonder la République, sans nous assurer le concours de ces imbéciles de paysans à qui nous avons accordé, trop légèrement peut-être, le suffrage universel qui n'a pas tenu entre leurs mains tout ce que nous étions en droit d'en attendre. Or, comment détacher de la monarchie légitime, la seule qui nous inspire aujourd'hui quelques craintes, ces esprits obtus, incapables de s'élever à la conception d'une idée abstraite , sans matérialiser en quelque sorte nos griefs contre les Bourbons, sans les présenter sous la forme de deux ou trois accusations symboliques, faciles à saisir, touchant de près aux intérêts des campagnards et par conséquent de nature à les passionner fortement ? Voilà l'explication qui m'a été donnée par Chopinot, je ne vois aucun inconvénient à te faire cette confidence, voilà le seul motif de notre appel incessant aux souvenirs irritants des anciens priviléges de la noblesse et du clergé.

Bonsens. — Je comprends les exigences de la lutte et j'apprécie comme il convient la pureté de vos intentions. Mais je suis vraiment étonné que vous réussissiez à faire tomber les paysans dans un piége aussi grossier ; car enfin, ces redevances Seigneuriales fort équitables à l'origine, soit comme conditions d'un contrat, d'un bail emphythéotique, par exemple, soit comme impôt prélevé par le Seigneur obligé de faire face à certaines dépenses, d'assurer certains services d'intérêt public, ces droits, dont les premiers étaient restés légitimes, mais dont les seconds n'avaient plus de raison d'être, par suite de la concentration de tous les pouvoirs entre les mains du Roi, furent les uns et les autres indistinctement abandonnés par les privilégiés eux-mêmes, dans la nuit du 4 août, comme je crois te l'avoir déjà rappelé dans notre précédent entretien.

Les paysans, même les moins instruits, savent d'ailleurs qu'il ne fut nullement question de les rétablir sous le gouvernement de Louis XVIII et de Charles X. Comment donc pourraient-ils supposer qu'on y songeât encore, après 80 ans écoulés, alors que les propriétés grevées ont si souvent changé de main, que les familles sont éteintes, les titres perdus etc., etc.

Bonardin. — Les paysans ont oublié tout cela et je suis

surpris que tu ignores, avec quelle facilité les classes populaires ajoutent foi aux contes les plus absurdes, aux allégations les plus invraisemblables. Du reste, cette crédulité facilite singulièrement notre tâche. Elle nous permet de remplacer aisément nos vieilles armes lorsquelles se brisent dans nos mains. Tu connais les services que nous ont rendus sous la Restauration, *les bayonnettes étrangères et les fourgons des alliés*. Eh bien, il nous est désormais impossible, à notre grand regret, d'attaquer les légitimistes sur ce terrain.

Bonsens. — Tu as raison. *Le parti de l'étranger* a fait ses preuves pendant la dernière guerre. Il a vaillamment combattu pour la France sous les drapeaux de la République et l'on serait mal venu à suspecter le patriotisme des zouaves de Charrette et des volontaires de Cathelineau.

Bonardin. — Je le reconnais et leur conduite devant l'ennemi nous prive d'une partie de nos moyens ; mais nous ne sommes pas à bout de ressources ; nous utilisons encore dans certaines provinces ce fameux droit que l'on a appelé : *Le droit du seigneur* par excellence.....

Bonsens. — Il me semblait que Veuillot avait, sur ce ridicule sujet, réussi à fermer la bouche à M. Dupin lui-même et que, depuis la publication de son ouvrage, il n'était plus permis à un homme sérieux de faire la plus légère allusion à ce prétendu droit.

Bonardin. — Les paysans ne lisent pas Veuillot. Et comment douteraient-ils de la parole des *Mossieux* de la ville voisine, commentant et développant les articles des *Droits de l'Homme* et de l'*Emancipation ?*

Bonsens. — Ce sont là de respectables autorités et je ne m'étonne plus du succès de votre propagande. *Le droit du Seigneur* exhumé de temps à autre doit vous faire un grand nombre de prosélytes et je suis persuadé que la dîme elle-même...

Bonardin. — *Le droit du Seigneur* a son bon ; mais la dîme ! mon cher Bonsens, la dîme ! voilà la meilleure corde de notre arc. Elle a toujours produit de si merveilleux résultats que les Bonapartistes eux-mêmes n'ont pas dédaigné de s'en servir dans plusieurs circonstances pour écarter les candidats dont l'indépendance leur déplaisait. La dîme ! Nous serions peut-être obligés de renoncer au combat si cette arme redoutable venait à nous faire défaut. Nous ne pouvons, en effet, avouer aux campagnards nos véritables projets à l'égard de la Religion. Ils sont encore tellement attachés à leurs croyances superstitieuses que leur faire connaître franchement nos intentions serait le meilleur moyen de les détacher de nous. Ces grands mots : *Affranchissement de la raison de l'homme, pernicieuse influence du dogme et du prêtre, morale indépendante,* qui produisent une si heureuse impression sur l'intelligence plus developpée des ouvriers citadins, n'auraient aucune prise sur l'esprit peu cultivé de vos populations agricoles. Aussi, étions-nous sur le point de les abandonner à leur malheureux sort et à l'influence de leurs curés lorsque nous avons songé au parti que nous pouvions tirer de la dîme. Nous en avons immédiatement compris toute l'importance. « Le clergé

» n'est favorable au comte de Chambord , répétons-nous sur
» tous les tons, que parce qu'il a reçu de lui l'assurance qu'un
» de ses premiers actes, après avoir été replacé sur le trône
» de ses pères, serait de rétablir la dîme dans toute sa rigueur.»
Ces quelques mots nous suffisent. On ne nous demande rien
de plus et le candidat légitimiste et clérical devient immédiatement suspect aux yeux d'un certain nombre d'électeurs,
quelle que soit d'ailleurs sa valeur personnelle et la considéra-
tion dont il jouit dans le pays.

Bonsens. — Voilà qui est admirable et je ne me serais
jamais douté de la puissance de ces petits moyens. Outre tous
ceux que tu viens d'énumérer, il en est encore un dont tu as
oublié de me parler et qui doit avoir cependant une assez grande
influence. Je lisais dernièrement dans une feuille radicale du midi
un violent article contre les légitimistes , auxquels le journa-
liste reprochait de s'opposer à l'instruction du peuple pour le
tenir plus facilement dans la dépendance et l'oppression.

Bonardin. — A te parler franchement, cette accusation ne
nous a jusqu'à ce jour que très-médiocrement réussi. Il faut
que tu saches que nous avons à faire à forte partie. Les légitimistes, en effet, sous prétexte de charité et de bonnes œuvres,
fondent de leurs deniers une quantité considérable d'écoles.
Il est vrai que l'enseignement qu'ils y font donner par leurs
Frères de toute couleur, embarrassé de superstitions religieu-
ses et de pratiques niaises, est plutôt nuisible qu'utile à la
vraie et solide instruction; mais les paysans ne distinguent
pas et nous avons bien de la peine à leur faire comprendre
que monsieur *un tel*, qui a fait de grands sacrifices pour la

construction ou l'achat d'une maison d'école est moins dévoué
à leurs intérêts que le citoyen ⁕⁕⁕, qui dissipe à l'estaminet,
non-seulement son argent, mais encore celui de ses amis, et
qui se garderait bien de dépenser un centime pour l'éducation des enfants de sa commune.

Bonsens. — Je te remercie, mon cher Bonardin, des explications que tu as l'obligeance de me donner. Tu viens de me
montrer clairement certaines choses qu'à la vérité je soupçon-
nais un peu, mais sur lesquelles il me restait encore quelques
doutes. Je l'avoue ; l'air de franchise et la conviction apparente
de vos journaux m'en imposaient. Je me figurais que vous
redoutiez réellement la réapparition des priviléges et des droits
féodaux, que vous regardiez la société française comme sérieuse-
ment menacée d'un retour à l'ancien régime, en un mot,
j'avais la naïveté de croire que vous étiez de bonne foi.

Bonardin. — Aussi le sommes-nous, mon pauvre ami.
Aurai-je besoin de te donner cent fois les mêmes explications
pour te faire comprendre notre ligne de conduite politique ?
Je te l'ai déjà dit. Les griefs que nous mettons en avant contre
les Bourbons ne sont autre chose que des symboles, au moyen
desquels nous voulons frapper l'imagination populaire.....

Bonsens. — Fort bien ; mais si vous reconnaissez vous-
mêmes que les légitimistes ne songent nullement à ces anciens
priviléges dont leurs pères ont fait le généreux abandon, si
vous avouez que, bien loin de vouloir tenir le peuple dans
l'ignorance, ils travaillent de tout leur pouvoir et contribuent
de leur bourse à faire instruire et élever les enfants des

classes laborieuses, en quoi consistent alors ces tendances réactionnaires et oppressives, ces aspirations vers le passé que vous reprochez si amèrement au comte de Chambord et à son parti ?

Bonardin. — Mon Dieu, ce serait assez difficile à définir... Je ne pourrais rien articuler de bien précis... Mais ces tendances n'en sont pas moins évidentes. Les légitimistes n'accepteront jamais les principes qui doivent régir les sociétés modernes et nous serions désespérés de les voir disposer de la puissance publique, au détriment des hommes sincèrement dévoués à leur pays et pouvant contribuer le plus à faire marcher l'humanité dans le sens de la civilisation et du progrès.

Bonsens. — Je commence à comprendre. Tes amis politiques, persuadés qu'ils peuvent mieux que personne exercer une influence heureuse sur nos destinées, se verraient avec peine exclus des fonctions publiques qu'ils convoitent uniquement dans l'intérêt de la France et sans aucune arrière pensée d'égoïsme et de satisfactions personnelle.

Bonardin. — Justement, mon ami Bonsens. Voilà le nœud de la question. Car enfin, sans nier l'importance de la forme du gouvernement, il est bien évident que c'est là un point secondaire et que la marche rétrograde ou progressive d'une nation dépend surtout de la valeur des hommes qui la dirigent et la gouvernent.

Bonsens. — De sorte que si Henri V assurait aux républicains la possession des emplois qui sont dus à leur mérite.....

Bonardin. — Il n'est pas douteux que leur hostilité disparaîtrait en grande partie. Car enfin, les républicains n'ont d'autre ambition que de faire le bonheur de la France et pourvu qu'on leur permit de la rendre heureuse.....

Bonsens. — Mais il me semble que le gouvernement de la Restauration ne s'est montré nullement exclusif et qu'il a accordé les honneurs et les dignités à tous les hommes de valeur, quelle que fut d'ailleurs leur origine sociale ou politique. Les Laîné, les Royer-Collard, les Corbière n'ont pas dû leur élévation à l'illustration de leur naissance. Le maréchal Oudinot, comblé de faveurs par la monarchie légitime, avait servi sous les drapeaux de la République et de l'Empire. Le comte de Chambord, de son côté, et personne ne conteste la loyauté et la franchise de son caractère, a promis de marcher à cet égard sur les traces de Louis XVIII et de Charles X. « On se dira, » écrivait-il le 8 mai dernier, que j'ai la vieille épée de la Fran- » ce dans la main et dans la poitrine ce cœur de roi et de pè- » re qui n'a point de parti. Je ne suis pas un parti et je ne veux » pas revenir pour régner par un parti. Je n'ai ni injure à ven- » ger, ni ennemi à écarter, ni fortune à refaire, sauf celle de la » France et je puis choisir partout les ouvriers qui voudront » loyalement s'associer à ce grand ouvrage. »

Ayons confiance en sa parole et, méprisant les calomnies intéressées de quelques ambitieux, rappelons cette antique maison de Bourbon, dont l'histoire, comme l'a si bien dit M. Thiers, est intimement unie à la nôtre, cette famille royale qui a fait la France et qui seule peut la relever aujourd'hui de la ruine et de l'abaissement où elle a été jetée par 80 ans de révolution.

Bonardin, piqué. — C'est fini, mon pauvre Bonsens , je renonce à te persuader. Tu trouves le moyen de rétorquer tous mes arguments et tu glisses entre mes doigts au moment où je crois le mieux te tenir. Décidément, ton esprit est trop subtil et trop fertile en expédients , à défaut de bonnes raisons. Je te quitte, bien résolu à ne jamais plus entamer une discussion politique avec toi.

M. VAUT-PAS-CHER.

Monsieur Vaut-pas-cher est un gros homme de 65 ans,
d'une taille et d'une intelligence un peu au-dessous de la
moyenne. Son front est peu élevé, ses pommettes saillantes,
ses yeux petits. Sa tête est couverte d'une épaisse toison de
cheveux courts et grisonnants. Son nez, torturé par l'alcool,
a quelque vague ressemblance avec le bouchon d'une bouteille
de Champagne. Sa bouche est large ; ses incisives taillées en
dents de scie par l'habitude invétérée de mordre le tuyau d'une
pipe en terre savamment culottée, lui donnent, pour peu qu'il
desserre les lèvres, un faux air de Croquemitaine.

Monsieur Vaut-pas-cher porte un chapeau englouti, à bords
légèrement fatigués, une cravate en laine noire si abondante,
une redingote boutonnée si haut que Dieu seul et sa blanchis-
seuse peuvent savoir si son gros corps a jamais été recouvert
d'une chemise. Il affectionne les pantalons à la hussarde et les
bottes ornées au talon d'un bouton de cuivre jaune.

Monsieur Vaut-pas-cher a exercé dans sa jeunesse les utiles
fonctions d'huissier. S'étant depuis longues années défait de
son office qui s'amoindrissait rapidement entre ses mains, il
ne possède d'autre moyen d'existence qu'une modique rente
viagère à l'insuffisance de laquelle il supplée, tant bien que

mal, par de fréquentes visites faites, vers l'heure du dîner, à M. Placide V...., son frère, propriétaire du *Café des Francs-Bourgeois*, principal établissement de ce genre de la petite ville de C.....

Du reste, Vaut-pas-cher mange peu. On pourrait dire de lui, comme du sauvage de la foire, « qu'il se nourrit presque exclusivement de tabac. » Vers dix heures du soir, lorsque l'atmosphère du *Café des Francs-Bourgeois* est tellement saturée de fumée qu'il est à peu près impossible de rien apercevoir à deux pas devant soi et que les yeux impressionnables se remplissent de larmes, Vaut-pas-cher est heureux comme le poisson dans l'eau. Le tabac est son élément. L'hirondelle boit en volant, mange en volant. Vaut-pas-cher mange en fumant, boit surtout en fumant. Il fume toute la journée et une bonne partie de la nuit ; il chique à l'occasion et prend impérieusement de larges prises dans toutes les tabatières qui ont l'imprudence de s'entrouvrir à sa portée.

Vaut-pas-cher n'est pas exclusif. S'il adore le tabac, il affectionne singulièrement le petit verre. Le *fort* et le *doux*, tout lui est bon. Il passe sans difficulté du cognac à la chartreuse, de la chartreuse au cuiraçao. Il prendra successivement de la bierre, du vertmouth, de la crème de cacao et de l'absinthe. Il ne recule que devant le verre d'orgeat et la bouteille de limonade. Il a pour principe de ne refuser jamais les invitations à boire lorsqu'elles se présentent, et de les provoquer lorsqu'elles ne se produisent pas spontanément. « Qu'est-ce que vous absorbez là ? » s'écrie-t-il, en s'adressant à un groupe de buveurs assis à l'autre extrémité de la salle : « Est-ce ainsi qu'on abandonne ses amis ?... » Et, se plaçant au milieu du groupe :

« Garçon, apportez-moi donc un petit verre. » Il allume sa pipe et, tout en avalant sa consommation à petites gorgées, pérore avec abondance et volubilité et fait à lui seul tous les frais de la conversation.

Vaut-pas-cher est un homme politique. Il a été Bonapartiste tout le temps de la Restauration. Il avait alors en horreur les *voltigeurs de Louis XIV* rentrés en France dans les *fourgons de l'étranger* pour rétablir le régime du bon plaisir et les droits féodaux. Il savait de source certaine que Charles X disait la messe et mettait, le 5 mai, un large crêpe à son chapeau. Devenu répuplicain sous l'Empire, il est aujourd'hui socialiste et déplore la défaite de la Commune de Paris. Il s'indigne contre l'oppression du travail par le capital, demande l'affranchissement de la femme, le mariage libre, la suppression du salariat et du prolétariat, et pour résumer son programme politique dans une seule phrase qui revient souvent sur ses lèvres et qui exprime clairement toute sa pensée, il réclame à grands cris une liquidation sociale.

Il a aussi des opinions très-arrêtées en matière religieuse ; il veut délivrer l'esprit de l'homme de l'oppression du dogme et du prêtre. De la religion, il ne veut retenir que la morale. Mais, quelle morale ? serions-nous en droit de demander. Vaut-pas-cher trouve en effet tout naturel de séduire la femme ou la fille de son voisin, de se venger de ses ennemis et de médire de ses amis, ne croit avoir aucun devoir à remplir envers Dieu et ne s'est jamais fait remarquer par une bien grande tempérance. Tout au plus son décalogue se réduirait-il à ces deux commandements : Tu ne prendras pas le bien d'autrui.

Tu n'assassineras pas ton prochain. Encore dit-on qu'il triche au jeu et qu'il raconte avec complaisance les moindres circonstances de ses nombreux duels que, du reste, ses compatriotes scep_tiques s'accordent à regarder comme entièrement apocryphes.

Vaut-pas-cher prétend avoir lu l'histoire de l'Église ; il cite volontiers le Concile de....... qui discuta longuement la question de savoir si l'on devait, oui ou non, accorder au beau sexe le bénéfice d'une âme raisonnable, affirme que la confession est une invention des prêtres, que les Papes ne sont pas infaillibles puis qu'ils ont varié si souvent dans les ordonnances de maigre ou de gras , regarde saint Dominique , *le fondateur de l'Inquisition*, comme un des hommes considérables de la Compagnie de Jésus, et Mgr Dupanloup comme le plus fougueux des ultramontains. Parce qu'il passe ses journées à ne rien faire, si ce n'est à satisfaire autant que possible tous ses penchants sensuels, il fulmine contre ces moines assez voluptueux pour aller chaque nuit s'agenouiller sur les dalles glacées d'une église , assez fainéants pour travailler du matin au soir à soulager les pauvres, soigner les malades , instruire les enfants , assez lâches pour abandonner leur famille et leur patrie et se faire les pasteurs de peuplades féroces au risque d'être dévorés par leurs paroissiens récalcitrants.

Vaut-pas-cher a fortement approuvé les mesures de rigueur qui ont atteint sous l'Empire les conférences de Saint-Vincent de Paul dont les membres, comme chacun sait, n'ont d'autre but que de s'introduire dans les ménages pour en surprendre les secrets. Mais son sentiment le plus vivace, celui qui a rempli son âme sous tous régimes, c'est une haine implacable pour les *enfants de Loyola* , ces champions de l'obscurantisme, de l'inquisition et du syllabus. Le syllabus!! Si vous saviez avec quelle expression de mépris il prononce ce mot! Il ne connaît aucune des propositions condamnées par le Saint-Père. Il s'est bien gardé de mettre le nez dans ce grimoire, persuadé d'avance, et, en cela je suis de son avis, qu'il n'en comprendrait pas le premier mot. Mais qu'importe! *Le Siècle* s'est prononcé. Cela suffit. Vaut-pas-cher est trop fier de sa dignité d'homme pour se soumettre aux jugements de l'Eglise, mais il a reconnu pendant de longues années l'infaillibilité de M. Havin et sur la parole du *Siècle* et de l'*Opinion nationale* regarde le syllabus comme une boîte de Pandore renfermant en germe tous les maux qui désolent l'humanité.

Voilà d'excellentes raisons pour ne pas aimer les jésuites. Je l'ai déjà dit. Vaut-pas-cher les déteste :

« Hommes noirs, d'où sortez-vous ? »

Il possède sur le bout du doigt l'histoire de la Compagnie de Jésus. Il sait par cœur tous les crimes qu'elle a commis depuis sa fondation :

« Henri IV est mort, qu'on n'en parle plus ! »

et il raconte à ce sujet, au *café des Francs-Bourgeois*, des anecdotes à faire dresser les cheveux sur la tête et dont il affirme l'authenticité sur l'honneur. Il est aussi parfaitement renseigné sur la société des *Frères Ignorantins*. Il a chez lui un compte-rendu du procès Léotade ; il sait le nom de son avocat et a retenu les plus beaux passages du réquisitoire du ministère public ; il possède la liste exacte et officielle de tous les instituteurs congréganistes condamnés au bagne pour attentats aux mœurs de leurs élèves. Il s'est bien gardé, cela va sans dire, de leur confier l'éducation de ses enfants. Aussi, mademoiselle

Eudoxie, sa fille, nourrie des romans d'Eugène Sue et de George Sand, s'est envolée un beau jour de la maison paternelle, sous la garde de M. Herman Knockmeister, première clarinette au 101e de ligne et monsieur Marius, son fils, est en train de conquérir pour la troisième fois les galons de caporal que la protection de Knockmeister et sa mauvaise conduite lui font gagner et perdre alternativement.

Vaut-pas-cher a le courage de ses opinions. Il ne salue pas *Monseigneur* et ne se découvre pas davantage devant la procession de la Fête-Dieu. On dit même qu'il a eu assez d'énergie pour insulter, un soir, dans une rue écartée, un jeune vicaire qui venait de porter à un malade les secours de la religion. Il affecte de manger de la viande le Vendredi-Saint et prétend que la digestion de son diner se fait ce jour là aussi facilement qu'à l'ordinaire.

Madame Placide supporte impatiemment les assiduités de son beau-frère. Elle lui prodigue les humiliations de toute nature, lui fait enlever les journaux par les garçons, lui recommande à haute voix de ne pas accaparer le poêle et de laisser chauffer MM. les habitués. Vaut-pas-cher fait taire la susceptibilité de son caractère et persiste, malgré les rebuffades de sa belle-sœur, à passer les trois-quarts de ses journées sous les lambris dorés du *Café des Francs-Bourgeois*.

Aux heures de l'après-midi, lorsque l'établissement devient silencieux et désert et que les garçons sommeillent péniblement sur les banquettes, Vaut-pas-Cher s'empare de la salle de billard et tente avec persévérance des carambolages impossibles. Il prend successivement au ratelier une demi-douzaine de queues, trouve le procédé de l'une mal collé, l'autre pas assez lourde, la troisième un peu trop, finit par en découvrir une à

peu près à son gré, la tient un demi-quart d'heure entre ses
jambes, couvre le procédé d'une épaisse couche de blanc, et
mettant les billes en place : « Ce n'est pas vous, M. Doucet,
» dit-il, d'une voix de stentor, à un petit Monsieur maigre et
» fluet qui le contemple depuis un instant, ce n'est pas vous
» qui feriez ce carambolage. » « Je n'ai jamais eu cette prétention » répond M. Doucet. « Eh bien ! vous allez voir, je ne
» le manque jamais. » Il saisit alors sa queue de la main droite,
en appuie l'extrémité entre le pouce et l'index de la main gau-
che posée sur le billard et, après lui avoir imprimé un mouvement de va-et-vient qui ne dure pas moins de 2 à 3 minutes,
lance résolument sa bille. « Sacrebleu, s'écrie-t-il, je l'ai man-
» qué, cela ne m'arrive pas une fois sur cent. Mais aussi,
» comment voulez-vous réussir au joli coup avec ces b... de
» queues ? J'avais bien recommandé à mon frère de s'en pro-
» curer d'autres, mais ma chipie de belle-sœur aimerait mieux
» se faire arracher une dent que de faire remettre un clou au
» mobilier de son bouchon. » Il passe alors en revue toutes les
queues restées en place, manque une dizaine de fois le fameux
carambolage, finit par y renoncer et se rabat sur des effets de
recul, des effets de côté. Il couvre le billard de blanc, renverse
les queues avec fracas, jusqu'à ce qu'enfin, ayant voulu accen-
tuer un peu trop un effet de recul, il fait au tapis un accroc de
quinze centimètres. Découragé par cet accident et redoutant
une scène de sa belle-sœur, il fourre le *Siècle* et l'*Opinion
nationale* dans sa poche, sort précipitamment du café et va
couronner sa journée par une longue séance de pêche à la ligne
dans les flots dépeuplés de la rivière.

FIN.

PRIÈRE.

Pitié, Seigneur ! Pitié, pour notre pauvre France !
Nos malheurs n'ont-ils pas désarmé ta vengeance ?
A nos forfaits veux-tu mesurer ton courroux ?
Vu nous as si souvent préservés du naufrage !
Teux-tu longtemps encor laisser gronder l'orage
   Qui s'est levé sur nous ?

Dans notre histoire, hélas ! je connais de grands crimes ;
Mais, pardonne aux bourreaux en faveur des victimes.
Ne comptes-tu pour rien le sang d'un Roi-martyr ?
Daigne prêter, Seigneur, l'oreille à notre plainte,
Au nom de ces héros qui pour ta cause sainte
   Surent si bien mourir !

Oh ! je n'oserai pas accuser ta justice !
Sur le bord de l'abîme, endormi dans le vice,
Ton peuple reste sourd aux appels de ta voix ;
Je sais que ta clémence a droit d'être lassée,
Que tu pourrais punir cette foule insensée
   Qui méprise tes lois !

Et pourtant ! Que de fois, au temple agenouillée,
Ai-je vu des chrétiens la pieuse assemblée,
Rendre au pied des autels hommage à ta grandeur !
Que d'hommes, du plaisir sachant oublier l'heure,
S'en vont, au malheureux dans sa froide demeure,
   Parler de toi, Seigneur !

Que de filles, de sœurs, d'épouses suppliantes
T'adressent tous les jours leurs prières ferventes !
Que de mères surtout t'implorent pour leurs fils !.....

Une femme a souvent apaisé ta colère!
N'est-ce pas une pauvre et timide bergère
    Qui nous sauva jadis?

Un monarque perfide aux mains de l'Infidèle
A livré ton Pontife et ta Ville-Éternelle ;
De ce lâche abandon voudrais-tu te venger?
Au nom de Saint-Louis et de Charles-le-Sage , (1)
Au nom des rois Français, pardonne-nous l'outrage
    D'un César étranger.

Car nous sommes toujours de la vaillante Église
Les fils aînés, Seigneur. Quelquefois insoumise
La race de Clovis n'a pas perdu la foi ;
Souviens-toi de ces champs devenus légendaires
Où de nouveaux Croisés combattirent naguères
    Et moururent pour toi !

Ne vois-tu pas debout sur le pont d'un navire ,
Ces prêtres dévorés de la soif du martyre
Qui, pleurés des parents qu'ils ont laissés là-bas ,
Vont au loin annoncer ta parole sacrée ,
Au sauvage habitant de quelque île ignorée
    Qui ne te connaît pas ?

Et de ton Christ, mon Dieu, les chastes fiancées
Qui vers toi, dès l'enfance, élevant leurs pensées ,
Ont au cœur un rayon de ton amour divin
Sœurs du soldat blessé qui demande sa mère,
Filles de ces vieillards restés seuls sur la terre,
    Mères de l'orphelin ?

Au nom de nos martyrs , de nos vierges chrétiennes,
Chasse les ennemis qui dévastent nos plaines,
Dieu des combats , rends-nous la paix et le bonheur
Au nom de Jeanne-d'Arc , au nom de Geneviève ,
Au nom de cet encens qui tous les jours s'élève
    Sur les autels, Seigneur !

Décembre 1870.

   (1) Charles V. dit le Sage, contribua puissamment à ramener les
Papes à Rome, après leur long séjour à Avignon.

9 782012 957367